Mascha Kaléko
Feine Pflänzchen

Mascha Kaléko

Feine
Pflänzchen

Neu illustriert von
Eva Schöffmann–Davidov

dtv

Sämtliche Werke von Mascha Kaléko sind bei dtv lieferbar.

Originalausgabe 2016
8. Auflage 2024
dtv Verlagsgesellschaft mbH & Co. KG, München
© für die Texte: 1975, 2012 Gisela Zoch-Westphal, Zürich
© für diese Ausgabe: 2016 dtv Verlagsgesellschaft mbH & Co. KG,
Tumblingerstraße 21, 80337 München
produktsicherheit@dtv.de
Umschlag: dtv unter Verwendung
eines Bildes von Eva Schöffmann-Davidov
Satz: Katrin Uplegger, dtv
Druck und Bindung: Pustet, Regensburg
Gedruckt auf säurefreiem, chlorfrei gebleichtem Papier
Printed in Germany · ISBN 978-3-423-28082-2

Eines schickt sich nicht für alle

Selbst eine angefaulte Lilie
Heißt man »aus besserer Familie«.
Doch das »gemeine Tausendschön«
Muß leider streng auf Sitte sehn.

Maiglöckchen

Maiglöckchen läutet, kommt heraus,
　　Die ihr euch plagt und schuftet.
– Und sprecht den Namen langsam aus,
　　Denn schon der Name duftet.

Maiglockenschwengel ist der Halm,
　　Der Dom: die dunkeln Föhren.
Da tönt der erste Maienpsalm.
　　Ich hab ihn läuten hören.

Das bescheidene Veilchen

Das Veilchen, zart und violett,
War Ehrengast auf dem Bankett,
Und jeder rühmte seine Tugend,
Und seine Schönheit, seine Jugend.

Das Veilchen drauf, mit scheuer Miene,
»Ihr lobt mich mehr als ich verdiene.
Doch eine Tugend, die mich ziert,
Die habt ihr alle ignoriert«.
– Verbeugte sich nach edlem Brauch,
Und sprach: »Bescheiden – bin ich auch.«

Schneeglöckchen

Das Schneeglöckchen ist nur die Tante,
Des Maiglöckchens arme Verwandte.

Ein Neutrum ist das Immergrün.
Drum hat es stets was anzuziehn.

Der Rittersporn (»Delphinium«)
Brachte schon manche Biene um.

Im Erker blüht die Amaryllis.
Ich liebe sie, weil sie so still is.

Amaryllis

Durch die Blume

Seit '33 lieb ich selbst Narzissen
Nur noch mit seltsamen Gewissensbissen.

Die Sonnenblume (»Helianthus«)
Ist Reisenden nichts Unbekanntus.
Sie grüßt vor jedem Wärterhaus
Guckt zum Ade-Zug man hinaus.

Fürs Haus, das ich dereinst bewohne:
Tapetenmuster: Anemone.
Und Wiesenklee (»Trifolium«)
Hellgrün auf mein Linoleum!

Anemone

Tribolium

Welke Nelken

Die Nelke kommt im Blumenflor
Zumeist nebst »Rose, Tulpe« vor
Und welkt selbdritt, Gott weiß warum,
In jedem Pohäsie-Album.

Der Heideblume Erika
Gedacht ich in Amerika.
Ob ich – wenn sie sich nicht drauf reimte –
Wohl ebenfalls von ihr dort träumte?

Es preisen so viel Liebeslieder
Den weißen und den lila Flieder.
Weil dieser Strauch (»Syring. vulgaris«)
Der Schutzpatron vom Liebespaar is.

Syringa

Die gelbe Primel Ende März
Erweckt das müde Winterherz
Weil »Primula officinalis«
Das allererste Lenz-Signal is.

Jasmin und Orchideen

Fremdländisch duftet der Jasmin,
Doch blüht er auch in Groß-Berlin.
Wer Orchideen züchtet ist,
Hierorts ein Orchidealist.

ORCHIDACEAE

Dem Schöpfer singt ihr lebelang
Die Butterblume diesen Dank:
»Schüf mich der Mensch zu seinem Ruhme,
Wär ich ne Margarinenblume ...«

Kornblumen

Und als der Herr in seiner Gnade
Das Brot geschaffen und den Wein,
Fielen ihm Mohn und blaue Rade
Als Nebenproduktion noch ein.

Mimosaisches

Derb und gewöhnlich wien Radieschen
Ist das oft viel zu »fleißige Lieschen«.
Mimose dagegen:
Nicht regen bringt Segen!

Der Mond blickt auf den Blumengarten:
In rotem Samt, geschmückt zum Fest,
Die Georginen traurig warten,
Weil kein Georg sich sehen läßt.

Unverblümtes

Sind üppig die Tantiemen,
Ersteht man Chrysanthemen.
Doch mangelt es am Zaster,
So tut es auch die Aster.

»Flach«

Die holde Blum der Männertreu
Tut nur so keusch und puritanisch.
Ihr Name lautet auf »botanisch«
Zu recht wohl »Flacher Männertreu«.

Lobelia erinus

Stiefmütterchen

Stiefmütterchen sind maliziös,
Ihr Blick ist stets stiefmutterbös.
Und mancher Grashalm ruft erstaunt:
»Madame, schon wieder schlecht gelaunt?«

Rosen

Daß jede Rose Dornen hat,
Scheint mir kein Grund zu klagen,
Solange uns die Dornen nur
Auch weiter Rosen tragen.

Rosaceae

Die Lorbeer-Züchter

Frühmorgens schon sieht man des Ruhmes Jünger
Beladen ziehn mit ihrem Kübel Dünger.
Knietief im Kot stehn sie auf ihren Beeten
Den Rücken krumm vom Pflügen, Säen, Jäten.
So Tag um Tag, bei Regen, Sturm und Wetter.
Und alles nur um die paar Lorbeerblätter.

Laurus
Nobilis

Alpenblüten

Das Edelweiß hat jeder gern
Ich find es ziemlich fade
Es blüht am Hut des Alpenherrn
Im Land der Schokolade
Auch da wo man den Plattler tanzt
Gedeiht die Blum aus Filz gestanzt
Nebst Rassenhaß und Loden
Und andern Jodelmoden

Selten vorkommende Küchenkräuter I

Der Rübenkoh
Wächst nirgendwo.

Den Radilauch
– Den such ich auch.

Und grüne Petersellerie
Blüht nur in meiner Phantasie.

Selten vorkommende Küchenkräuter II

Von weither, aus dem Land Bolivien
Beziehn wir die Olivendivien.
Auch Muselmandeln, Wallnußkat
Gibts nicht auf unserm Breitengrad.

Statt Mayonnaise lieber hätt ich
Stets frischgeriebnen Rosmarettich.
– Der freut das Herz und die Gemüter
Weit mehr als Remouladenhüter...

Valenciankali, Paprikosen
Verträgt man nur in kleinsten Dosen.
Senfbutter schmeckt zum Lachs aus Danzig
Sofern er nicht zu mayoranzig.

Bohnen

In Attika – 500 »vor«
Sang dräuend der Erinnyen Chor:
»Eßt abends keine Bohnen!
Sonst träumt ihr von Dämonen.«

Und jeder weise Grieche aß
Sein Nachtmahl immer ohne.
Schon damals tat Pythagoras
Den Ausspruch: »Nich die Bohne!«

Kraut

Kohl wird verzapft von jedermann,
Ob König, Dichter, Bauer.
Stoßt an und auf zum Lob des Krauts!
Ob weiß, ob rot, ob sauer.
Gefüllt ißt man es gern in Bu-
dapest. In Irland heißt es »Stew«.
– Ob »Kohl«, ob »Schtschi«,
»Choucroute garnie«,
Hängt ab von der Geographie.

Die Zwiebel und Verwandtes

Die Zwiebel, die du oft beweinst,
Sie stammt aus Alt-Ägypten.
»Schon Tutan Kamen…«, las ich einst
In Keilschrift-Manuskripten,
»Servierte sie nach edlem Brauch.«
– Die Zwiebel, und den Knobel auch.
Zum Liebsten sprach Kleopatra:
»Antonius, komm mir nicht zu nah…«

Dem klassischen Stile
sich nähernd

Wer nie sein Brot mit Tränen aß,
(O, Wolfgang, nimms nicht übel!)
Wer nie sein Brot mit Tränen aß,
Der aß es ohne Zwiebel.

Pilze – sone und solche

O Steinpilz, du Ambrosia, mit holdem Ei garnieret!
O wohl dem Manne, den Mama am Eßtisch
so traktieret.
Doch zürnt Xanthippe ihm, was gilt's?
Serviert sie ihm den Schimmelpilz.

Spinat

Spinat, du grüner Kinderschreck –
Bleib du mir nur gestohlen!
Du bist dran schuld, daß mir nur schmeckt,
Was ärztlich nicht empfohlen.
»Spinat ist reine Medizin!«
– Drum bin ich dem Spinat nicht grün.

Erbsen

Prinzessin auf der Erbse sprach:
»Das sticht ja wie 'ne Nadel ... !«
So ward die Erbse allgemach
Zum Prüfstein für den Adel.
Es schwärmt der preußische Gourmet
Für Pökelkamm mit Erbspüree.
(Prinzessinnen und Grafen
Die können drauf nicht schlafen.)

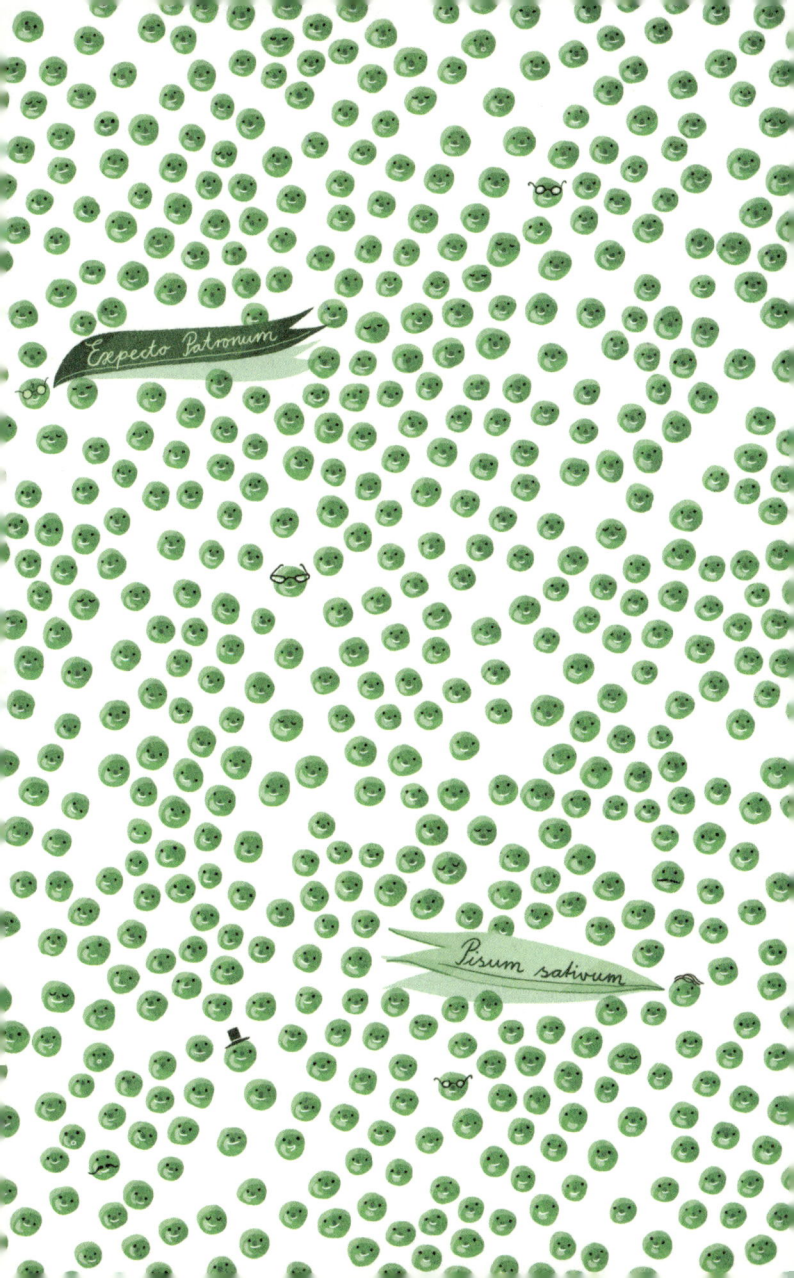

Spargel – Ein »Gedicht«
mit Hindernissen

Auf Spargel reimt sich einfach nichts
Als Räucherlachs aus Charbin.
Zur Not: »Geselchtes« noch aus Prag,
Weil ich ein Kulinarr bin!

Wer bloß am Hungertuche nagt,
Mög mir dies nicht verargeln.
Ich nag am Bleistift. – Wie gesagt:
Es reimt sich nichts auf »Spargeln«.

Asparagus

Kulinam

Die Tomate

Nun singen wir ein Lied zum Preis
Der lieblichen Tomate.
Wie zart errötet sie im Reis,
Wie lockt sie im Salate.

Wär ich Johann Sebastian Bach,
Ich schrieb ihr drei Kantaten.
(Doch wenn's zuhaus Tomaten gibt,
Flücht ich in den »PRÄLATEN«.)

Die Karotte

»Nein, Möhren sind zu ordinär,
Fein ist nur die Karotte!«
So sprach Madame de Pompadour,
Die Rokokokokotte.

Karotten gab es in Versailles
Sogar zum »Leipzger Allerlaille«.
– Doch die gemeinen Möhren
Tat das nicht weiter stören.

Die Kartoffel

Man ißt sie. Und man trinkt sie auch
(Kartoffelschnaps) vom Glase.
Der Arzt kennt den Kartoffelbauch
Und die Kartoffelnase.

Sir Francis Drake, der brachte sie,
Nebst Tabak für den Raucher,
Von weither. Drum verachte sie
Nicht der Normalverbraucher.

Ob Dampfkartoffel oder »Brat-«,
Die Knollenfrucht schmeckt delikat.
In Süddeutschland und auch in Öst-
Erreich kennt man sie auch als »Röst« –.

P.S. Friedrich der Große
Der aß sie gern mit Soße.

Mascha Kaléko, am 7. Juni 1907 als Tochter jüdischer Eltern in Galizien geboren, fand in den 1920er-Jahren in Berlin Anschluss an die intellektuellen Kreise des Romanischen Cafés. Sie veröffentlichte zunächst Gedichte in Zeitungen, bevor sie 1933 mit dem ›Lyrischen Stenogrammheft‹ ihren ersten großen Erfolg feiern konnte. 1938 emigrierte sie in die USA, um mit ihrer Familie vor den Nationalsozialisten zu fliehen, 1959 siedelte sie von dort nach Israel über. Sie starb 1975 nach schwerer Krankheit in Zürich.

Heute gilt Mascha Kaléko als eine der bedeutendsten deutschsprachigen Lyrikerinnen des 20. Jahrhunderts.

Der Band ›Feine Pflänzchen‹ erschien erstmals posthum 1976, ein Jahr nach dem Tod der Autorin.